44
LT 413.

A LA GLOIRE ET A LA RELIGION.

La Religion, la Gloire m'inspirent et élèvent ma faible voix pour apprendre à l'avenir étonné que NAPOLÉON sut, également fidèle à leurs lois, les réunir pour rendre à la France son antique splendeur, que dis-je? pour l'élever au-dessus de tous les Empires.

France! tu verras ton nom placé à côté de celui de Rome! et, plus grande qu'elle, si tu étais maîtresse du monde, tu ne le serais que pour assurer la félicité du genre humain.

Mais où me laissai-je entraîner? Qu'ai-je besoin de pressentir de nouveaux triomphes? Voyons NAPOLÉON grand de sa seule puissance, fort de ses vertus, venant s'incliner au pied de l'autel et reconnaître que de Dieu seul il tient toute sa gloire.

Je dirai combien est grand celui qui sut reporter la vie dans le corps politique, qui détourna de la France expirante les coups des scélérats qui se disputaient ses dépouilles, rappela la vertu exilée, rassembla les débris des sciences et des arts, et qui, ne pouvant réparer des pertes irréparables, rendit aux infortunés la seule consolation qu'il pouvait leur offrir, des Temples où ils viennent pleurer et espérer.

Combien est grande la sagesse de Napoléon! qui sut prouver, contre l'opinion du dernier siècle, que celui qui veut porter ses États au plus haut degré de splendeur, doit en poser les bases sur les autels du Maître de nos destinées.

Les trois derniers règnes me sont présens; j'ai recueilli, dans ma jeunesse, les souvenirs des vieillards qui avaient connu les grands hommes du siècle de Louis XIV et du commencement de celui de Louis XV. Les évènemens désastreux de la fin de ce règne, et ceux du dernier de nos Rois, on marqué les différentes époques de ma vie; ainsi dans l'âge où l'âme jouit encore de toute la force des organes, j'ai les souvenirs de la plus longue vieillesse, et ces souvenirs m'ont prouvé, je le répète, que la gloire qui s'appuie sur les opinions religieuses est la seule véritable; elle écarte, par sa lumière, l'insensible athéisme et le fanatisme odieux.

Lorsqu'un vieillard dont la jeunesse a été abandonnée à de brillantes erreurs, revient aux sentimens de la Religion, malheur à ses sujets! s'il se confie à ceux de ses Ministres qui, n'ayant pas le véritable esprit du Christianisme, abusent de sa faiblesse pour faire servir ses expiations à satisfaire leurs propres ressentimens ; alors on voit le courtisan devenir hypocrite, le soldat se charger de convertir ; les magistrats oublier les fonctions augustes dont ils sont chargés, pour s'occuper de controverse ; les prisons, l'exil, la proscription être la suite de malheureuses disputes d'école.

Tel fut l'éclat de la Religion, dans les dernières années de Louis XIV.

Sous le règne suivant, elle s'exila de la cour ou du moins elle y fut sans crédit. Le plus aimable des hommes fut, pendant plusieurs lustres, un Roi adoré et digne de l'être ; mais ses favoris affichèrent l'athéisme , le mépris des mœurs, et les saillies licentieuses qui étaient permises dans les petits appartemens, furent les étincelles qui préparèrent l'embrâsement où se sont englouti dix siècles de puissance.

Le meilleur et le plus infortuné des Monarques, pieux par goût, tolérant par principe, pratiqua la Religion comme particulier, crut comme

souverain devoir protection aux opinions philosophiques; la licence avait ébranlé le trône, la fausse philosophie le renversa. O vous ! que le Ciel fit naître pour notre bonheur ! Vous pour qui il a préparé tant d'évènemens divers ! Vous dont je présageais la gloire, lorsque j'écrivais :
« Qui aurait dit alors au Roi : Dans cette con-
» trée sauvage, que le fléau de la guerre a
» rendue presque déserte, il existe un enfant
» encore au berceau, qui devenu Français par
» la réunion de ce petit Royaume au vôtre, dic-
» tera, au nom de sa patrie adoptive, des lois
» non-seulement en France, mais à toute l'Eu-
» rope qu'il étonnera par ses rapides conquêtes.
» De quel sentiment il aurait été frappé ! et qu'il
» aurait bien pu dire : que sont les ressorts les
» plus déliés de la politique en comparaison de
» l'Etre des Etres, qui voit s'agiter l'espèce hu-
» maine pour venir à ce qu'elle croit à son but,
» et qui ne marche cependant jamais que pour
» remplir les desseins que le grand moteur s'est
» proposés ! M. de Choiseul, pour illustrer son
» ministère, veut que le roi ajoute la Corse à
» ses possessions : l'or, le sang des hommes,
» tout est prodigué pour y réussir, et tout se
» se fait pour la gloire de cet enfant dont on
» ignore l'existence. O hommes ! cessez de vou-

» loir gouverner d'après vos faibles lumières ;
» vos agitations, vos tourmens sont inutiles :
» vous ne retiendrez pas sur le penchant de
» l'abîme, celui qui doit s'y précipiter, et vous
» n'empêcherez pas l'élévation de ceux qui sont
» désignés pour remplir l'Univers de leurs haut-
» faits (1) ».

Vous saurez, évitant tous les écueils, montrer aux yeux de l'Europe étonnée, un prince dans l'âge des passions, respectant les mœurs, honorant la vertu, et connaissant assez ses intérêts pour n'attendre obéissance sincère que de ceux qui sont soumis aux vérités éternelles.

Jamais l'Empereur n'a rien fait de plus digne de lui que le Concordat, qui a tranquillisé les consciences, ouvert la porte au repentir, et récompensé ceux qui avaient préféré leur devoir aux maux qu'entraînent la misère et la proscription.

Sans parler des grands intérêts politiques, je ne veux considérer ce traité que par l'influence qu'il peut avoir sur le bonheur des Français.

C'est à NAPOLÉON que l'on doit le retour de ces élans de l'âme qu'un acte civile ne saurait

---

(1) Mémoire de la princesse de Lamballe, tom. Ier.

faire éprouver; je vous le demande à vous, qui n'avez point appelé la bénédiction du Ciel sur votre hymen, avez-vous jamais connu ces douces émotions que l'on ressent en se retrouvant sous les voûtes du Temple où l'on a prêté le serment d'aimer toujours la compagne de sa vie ; je ne puis rendre le charme attaché aux cérémonies religieuses, mais elles portent avec elle un souvenir si précieux qu'il ne s'efface presque jamais. Voyez ce couple marié depuis plusieurs années, revenant dans la même Eglise où il fut uni, avec quelle sensibilité l'époux rappelle à sa compagne que là, au pied de cet autel, il a reçu sa foi. — Tu étais parée de ton innocence, et ton recueillement pendant les prières te rendait encore plus belle. — Tu promis de m'aimer toujours, répond la jeune femme ; tes sermens furent reçus du Ciel, et j'en ai pour garant la félicité que je te dois. A ces paroles leurs regards se confondent, leurs paupières se mouillent de douces larmes; ils se serrent la main avec transport; leurs genoux fléchissent sur les degrés de l'autel. Ils ne forment qu'un vœu, celui qu'après avoir élevé leurs enfans, le même jour les voie descendre dans la tombe, et que l'on célèbre leurs obsèques dans ce même Temple où ils reçurent la bénédiction nuptiale.

Voyez ce vieillard qui s'approche à pas lents des fonds baptismaux ; il les considère quelques instans, et reportant sur lui-même un regard confus : « O! dit-il, que ceux qui renoncèrent
» ici pour moi aux vanités de ce monde, qui
» passent comme l'éclair, avaient eu raison !
» j'ai tout tenté, usé de toutes ces vanités; il ne
» m'en est resté que d'inutiles regrets. Gran-
» deurs, dignités, richesses, le tems et les orages
» politiques ont tout enseveli. Je n'ai plus d'au-
» tre titre que celui de chrétien; mais celui-là
» ne me sera pas enlevé, il me précédera dans
» les tabernacles éternels où je serai bientôt
» admis. » Et un rayon de joie parut sur ce front qu'ombrageaient encore quelques cheveux blancs.

Mais quelle est cette femme dont la démarche noble annonce une illustre origine, et dont l'extrême simplicité dans la parure prouve qu'elle est pauvre? Ses joues sont décolorées, ses lèvres tremblantes; des pleurs rares coulent de ses yeux : elle se prosterne près d'une chapelle; elle prie, soupire; les noms d'époux et de fils échappent à sa douleur. Un Prêtre, revêtu d'ornemens funèbres, vient offrir pour les âmes qui sont si chères à cette infortunée, un sacrifice d'expiation, et peu à peu sa douleur se tempère ; les prières sont finies. Si elle n'est pas consolée, peut-on l'être quand on a perdu, par une mort violente et prématurée, ceux qui faisaient le charme de l'existence ? Au moins elle est calme ; et regardant désormais le Ciel comme sa patrie, elle attendra avec confiance le moment qui doit la réunir aux objets de ses affections.

Oui, je le répète, c'est à BONAPARTE, secondé par le Chef de l'Eglise, que nous devons ces bienfaits. Ces deux Grands Hommes devaient s'entendre ; tous deux avaient pressenti leurs hautes destinées : ils s'étaient salué comme autrefois le Père des Croyans et le Prêtre de l'Éternel.

Il semble que Dieu, qui cache au vulgaire les divers évènemens d'une vie sans éclat, dévoile à ceux qui sont revêtus de sa puissance sur ce globe, la brillante carrière qu'ils ont à parcourir. CHIARAMONTE et BONAPARTE s'apprécient et marquent la place qu'ils doivent occuper. Ils ne peuvent avoir que les mêmes intérêts, et le premier usage de la puissance du Pontife est de remplir les vœux de NAPOLÉON. Le concordat est signé. La paix venait d'être rendue à l'Europe ; le PREMIER CONSUL devait se flatter que mettant un terme à ses exploits, c'était faire assez pour que les Nations voisines ne cherchassent pas à troubler le repos de la France ; mais les méchans n'en connaissent point, et les génies infernaux qui gouvernent l'Angleterre frémirent en voyant à quel degré de gloire nous allions parvenir. En vain ils avaient voulu nous accabler, la France était encore debout ; ils machinèrent de nouveaux forfaits, car je ne cesserai jamais de répéter qu'ils furent seuls les auteurs des maux que nous avons souffert, et les scélérats qui déchirèrent notre Patrie, n'étaient que les vils agens du Gouvernement Britannique, mille fois plus atroce qu'eux. Ces monstres, en aiguisant le poignard dans les mains des Français contre des Français, riaient de l'idée que chaque coup leur ôtait un ennemi. Oui, lorsqu'ils conseillèrent à ceux des nôtres que le malheur avait exaspérés, de tramer des complots contre le Gouvernement, ces féroces Insulaires se plaisaient à penser que si la tête précieuse qu'ils dévouaient à la mort y échappait, au moins les assassins verseraient sur l'échafaud le sang qu'ils abhorrent. Que leur importe, innocent ou coupable, ceint de lauriers ou flétri par la loi, pourvu qu'ils voient un Français palpiter sous le poignard ou la hache, c'est pour eux un triomphe !

Plages de Quiberon! Mornes de St.-Domingue! vous attesterez dans tous les siècles la perfidie des Anglais! Mais qu'ils tremblent! les jours de leur puissance vont finir; le Héros de la France ne posera les armes qu'à l'instant où leurs têtes altières seront ensevelies sous les eaux de ces mers qu'ils asservirent trop longtems. Orgueilleuse Albion! tu seras punie des maux que tu nous a fais; tu as ri de nos pleurs, on rira des tiennes : quel sera le peuple qui te plaindra? Quel est celui que tu n'as pas insulté dans ta prospérité? On verrait bientôt croître les roseaux dans tes ports, si NAPOLÉON ne voulait les faire servir au commerce du monde. En vain tu as cru que les Souverains de l'Europe s'armeraient pour renverser BONAPARTE; c'est au moment où tu te croyais sûr de sa perte, qu'il élève le trône pour y prendre place. L'étonnement, l'admiration s'emparent de tous les cœurs, et tous sont forcés de dire : LUI SEUL EST DIGNE DE NOUS GOUVERNER ; il est unanimement proclamé Empereur des Français. Que manque-t-il à sa gloire? que d'y mettre le sceau de la Religion. Le Chef de l'Empire Français ne peut recevoir l'Onction Sainte que du Chef de l'Eglise. Ainsi David la reçut de Samuël, lorsque Dieu, qui ôte et donne les Empires, ordonna à son Prophète de sacrer le fils de Jessé, ne voulant pas que la race de Saül conservât le sceptre d'Israël.

Le Saint Pontife voit, dans l'invitation de son cher fils Napoléon, l'ordre de Dieu même, et sans considérer les fatigues d'un aussi long voyage, dans une saison aussi rigoureuse, il franchit les monts glacés qui nous séparent de l'Italie.

Français d'origine, il éprouva une sorte de joie de voir la patrie de ses pères. Disciple et émule de St. Benoît, il sait que c'est aux travaux de son Ordre que les Français doivent la double culture de leurs champs et de leurs esprits; il traverse ces vastes plaines où d'illustres Cénobites employaient les heures que leur laissaient la prière et l'étude, pour déraciner ces antiques forêts, dont jadis les ombres épaisses dérobaient aux regards du vulgaire les sacrifices affreux des Druides.

La France, ainsi que l'Italie, recèle dans ses nombreuses Bibliothèques, les travaux des Savans de cet Ordre, qui conserva au milieu des siècles de l'ignorance, le dépôt des connaissances humaines.

Aussi Chiaramonte, si les ordres de Dieu ne l'eussent pas élevé au Pontificat, n'en aurait pas moins, comme héritier des vertus et de la science de St. Benoît, été honoré en France par tous ceux dont les hommages sont d'autant plus flatteurs qu'ils sont le tribut d'une estime réfléchie (1).

Toutes les villes, sur le passage du Souverain Pontife s'empressent à lui témoigner leur profonde vénération ; toutes voudraient prolonger son séjour dans leurs enceintes ; mais il presse sa marche, pour arriver au but qu'il se propose. C'est NAPOLÉON qu'il va revoir !

Il salue de loin ces arbres antiques qui couvrent de leur ombre le château qu'habitaient les anciens Souverains de la France ; il va s'y trouver réuni au Fils de la Victoire, qui, porté sur ses ailes, vint s'asseoir sur le trône perdu pour

---

(1) Nièce du Prieur des Bénédictins de l'Abbaye de Coulons, j'appris de bonne heure à révérer les vertus vraiment exemplaires des Religieux de cet Ordre. La manière auguste dont ils célébraient l'Office Divin, fit naître dans mon âme les premières impressions religieuses ; mon frère, M. Guénard de Faverolles, a apprit, sous les disciples de St. Benoît, à pratiquer les vertus qui le rendent cher à sa famille ; il a conservé pour ses Instituteurs, le plus sincère attachement, sentiment particulier à tous les élèves des Bénédictins.

une famille infortunée, à qui la destinée, la marche invariable du tems, avaient ôté la force et les moyens nécessaires pour tenir les rênes d'un gouvernement ébranlé par une révolution aussi impossible à éviter dans l'ordre politique, que les orages dans les jours brûlans de l'été.

Chiaramonte, en pleurant sur les malheurs qu'elle entraîna, appelle d'avance les bénédictions du Ciel sur le seul Homme digne de les réparer. Il est à peine dans la route qui conduit au palais, que son cœur s'élance vers Napoléon qui vient à sa rencontre; il le serre dans ses bras, et lui donne, avec un sentiment vraiment paternel, le doux nom de Fils. Leur entrevue a quelque chose de touchant et de sublime. Il existe, comme je l'ai dit, entre ces deux Hommes Illustres, un accord qui leur fait éprouver tout le charme de l'amitié et de la confiance. A peine arrivés, l'Empereur conduit le Souverain de Rome dans l'appartement de son Auguste Compagne. Joséphine, qui n'est étrangère à rien de ce qui demande de la dignité et de la grâce, déploie tous les dons qu'elle a reçu de la nature, pour marquer au Saint Pontife son respect et sa reconnaissance.

Quelques jours s'écoulent au sein de cette amitié cimentée par l'estime, mais il faut s'arracher à cette magnifique solitude, et la capitale du grand empire reçoit dans ses murs, le souverain de cette Rome, jadis maîtresse du monde; aujourd'hui centre du pouvoir ecclésiastique. Ce palais bâti par les enfans de l'Italie, qui apportèrent en France le goût des arts, offre un spectacle intéressant au yeux de CHIARAMONTE ; c'est avec une sensible reconnaissance, qu'il trouve en quelque sorte son palais dans un des pavillons des Tuileries.

Enfin le jour qui doit éclairer la plus auguste cérémonie parait, l'airain l'annonce; et bientôt un pompeux cortège conduit sous les voûtes antiques et sacrées de la métropole ce vieillard respectable qui porte sur sa tête la triple couronne, et le jeune héros pour lequel il vient implorer toutes les grâces divines.

Que NAPOLÉON, à qui la France a dit : porte la couronne et le septre, puisque toi seul en est digne; que NAPOLÉON ceint de lauriers, venant se prosterner au pied de l'autel et du représentant de Jésus sur la terre, offre un beau spectacle à notre âge et une grande leçon à la postérité. Toutes les puissances divines et humaines en sont émues, et le fils de Dieu se communique directement au saint Vieillard, lorsqu'il répand l'huile sainte sur le génie privilégié donné à la France pour la consoler, et l'élever au-dessus de tous ces rivaux.

Les esprits infernaux frémissent, se cachent dans l'ombre, en voyant notre patrie échapper à leurs noirs complots; et tout se réunit pour ajouter à la solemnité de ce jour à jamais mémorable dans les fastes de la gloire et de la religion.

Il sera permis à celle qui consacra ses premières veilles à déplorer les infortunes de son ancien maître, de célébrer le triomphe de celui, à qui Dieu a remis sa puissance il ne doutera point de ma fidélité, quand ma voix animée par la seule reconnaissance, accordait au respect dû au malheur, ce que tant d'autres donnent à l'adulation. Auteur des Mémoires de la famille de Louis XVI, et du récit de son intéressante fille (1), j'ai cru devoir encore consacrer ma plume à plaindre la mort aussi cruelle qu'injuste d'une princesse bonne et aimable, et je ne m'en approcherai pas moins sans crainte du trône im-

---

(1) Connus sous le nom d'IRMA.

périal, sûre que mes intentions n'échapperont pas à l'œil de Napoléon; il estimera ma courageuse franchise; il sera d'autant plus certain de la vérité de mes sentimens pour lui, que je n'ai jamais dissimulé ceux que je conserve encore à l'infortuné Louis XVI, dont Napoléon seul peut retracer la sage économie et les austères vertus.

Guénard V.e de Meré.

www.ingramcontent.com/pod-product-compliance
Lightning Source LLC
Chambersburg PA
CBHW070529050426
42451CB00013B/2925

Sénateurs... *Fulvie* cependant plus irritée de l'outrage que ses appas reçoivent de l'indifférence de *Catilina*, que de celui que son abandon peut faire à son honneur, se déguise en Esclave, & le dénonce au Sénat... C'est cette *Fulvie*, qui en quelque maniere est le pivot de la Piéce.

Il n'est rien de plus adroit, que l'art avec lequel il fait entrer dans la conjuration l'Ambassadeur des Gaulois. L'éloge de la Nation s'y vient placer sans affectation, & fait preuve de la délicatesse de l'Auteur.

On n'a pas moins admiré la politique de *Probus*, qui aspirant au souverain Pontificat, entre pour parvenir à son but, dans les desseins de *Catilina*, quoiqu'il le déteste intérieurement... La Piéce enfin est un tissu de traits de politique, qui font sentir combien l'Auteur posséde la géographie des Cours.

Le premier Acte est d'une sublimité digne de Corneille : le second ne plane pas, il est vrai, au niveau de celui-là ; il semble que l'Auteur ait affecté cette infériorité, pour faire sortir la supériosité du troisiéme.

Le quatriéme roule sur la condamnation de *Catilina* ; c'est ici où l'Auteur nous montre en plein le caractére bouillant & impétueux du Héros de la Piéce. *Catilina* entre les mains fumantes du sang de *Monlius*, sa préfence interdit les Sénateurs. L'éloquence de *Ciceron* s'évanouit, *Caton* n'a qu'une sévérité tremblante : *Catilina* met tout à profit; efprit auffi vafte & pénétrant qu'il eft ambitieux, il deffend fa caufe avec une fermeté d'ame peu commune à un homme qui a, pour ainfi dire, entendu prononcer fon Arrêt de mort. Imbu de cette maxime, que quand on n'a plus rien à efpérer, il faut s'abandonner à un noble défefpoir. Il fe livre à tous les reproches que fa fureur lui infpire contre le Sénat. Tout le monde tremble : Lui feul eft inébranlable, & ferme l'Acte par ce Vers, qui répend la terreur dans le cœur le plus intrépide,

Le fer, le feu, le fang : voilà mes Etendarts.

Il fort & va combattre.

Le cinquiéme, qui annonce la défaite de *Catilina*, fe fent un peu de la lenteur de la vieilleffe ; on n'y voit point ce feu qui éblouit, & qui échauffe en même tems : un Dialogue Prolixe entre *Catilina* & *Tullie* en rallentit la vivacité & fait trouver la cataftrophe mal ménagée. Mais cette négligence eft réparée par tant de beautés, qu'on peut dire que l'enfemble fait un tout admirable, qui juftifie l'Auteur du foupçon injurieux que l'envie, compagne inféparable du talent médiocre, avoit fait former contre lui.

Le Poëme fourmille de Vers de la force & de la sublimité de ceux-ci :

. . . .
Le parjure est vertu, quand le serment est crime.
. . . .
Il faut rougir du crime & non pas du témoins.
. . . .
Le succès est souvent un enfant du hazard.

Celui qui suit me paroît un peu recherché : & l'on voit que l'Auteur n'a eu en vûe que de le resserrer dans une partie d'emistiche, pour rendre la pensée plus saillante. *Catilina* voulant engager *Crassus* dans la conspiration, lui rapporte tous les motifs qui l'y ont déterminé ; & *Crassus* ayant répliqué, *Catilina* ajoute le Vers suivant :

CATILINA.

Il en reste encore un.

CRASSUS.

Quel est-il ?

CATILINA.

Mon devoir.

Quelques Chenilles du Théâtre, qui ont la témérité de se dire vos Disciples, n'ont rien négligé pour détruire un Ouvrage qui doit immortaliser l'Auteur. Je conviens qu'il n'est point sans deffauts, & qu'on auroit dû sauver le déguisement de *Fulvie*; il rentre un peu dans le Comique : je n'ai même rien apperçû dans la Piéce qui en fasse sentir la nécessité.

Quelques-uns se sont plaints du peu d'intérêt, entraînés sans doute par une erreur qui s'est accréditée chez les gens qui se croyent connoisseurs; ils pensent qu'il n'y a que la tendresse qui puisse intéresser : comme si le cœur ne trouvoit pas autant son compte à suivre l'esprit dans le sublime, qu'à se sentir déchiré par les larmes de deux Amans traversés.

J'avoue que la mort de *Catilina* n'affecte point autant qu'on auroit dû l'attendre de l'harmonie, de la contexture & de la sublimité des quatres Actes qui la précédent. Il y a une sécheresse révoltante dans la façon dont il se poignarde en présence de *Tullie*, & je ne doute point que l'Auteur, qui n'a jamais eu la foiblesse d'idolâtrer ses Ouvrages, n'en convienne : Il auroit pû supprimer beaucoup d'inutilités, qui refroidissent l'imagination du Spectateur : Il falloit donc resserrer le cinquième Acte, afin que le mouvement étant plus précipité, l'action sortit plus vivement,

Quelques-uns n'ont pû se prêter aux discours offensans que *Catilina* tient aux Sénateurs ; mais s'ils avoient lû l'Histoire, ils auroient vû que le Sénat n'étoit plus si respectable, & ils auroient senti, qu'il n'étoit pas possible qu'un caractére aussi haut & aussi impétueux que celui de *Catilina*, pût se présenter avec cette urbanité qui ne peut être pratiquée par un homme aussi fier, & dont on venoit de décider la mort.

On ajoute que Ciceron n'étoit point dans son caractére, & qu'il étoit extrêmement inférieur à lui-même, dans la Harangue qu'il fait aux Peres conscritps ; on le trouve foible, & dépouillé de cette fermeté qui étoit, pour ainsi dire, inséparable des Consuls Romains. Cette observation a d'abord un soupçon de vérité ; l'idée que nous avons de *Ciceron* pourroit en effet la justifier. Mais on reviendra bien-tôt de cette erreur, pour peu qu'on examine son Oraison contre *Catilina* : c'est un Consul qui est toujours timide, tremblant ; je le vois par tout, depuis le commencement jusqu'à la fin, s'efforcer de dire à *Catilina* de quitter la Ville ; qu'il ne sera point tranquille qu'il ne soit séparé de lui par les murs de Rome. Zélé deffenseur des intérêts de la République, il est toujours prêt à sacrifier ses biens, sa fille & lui-même pour sa sûreté & pour son salut : mais en vient-il à *Catilina* ? cette fermeté s'évanouit, c'est une ame pusillanime qui lui ouvre les portes, & le prie, pour ainsi dire de vuider le Capitole.

Risquer de tels discours contre un personnage qui s'est immortalisé, seroit sans doute une témérité que l'on ne me pardonneroit point : je crois qu'il est assez en sa place de rapporter quelques traits que j'ai remarqués dans son Oraison.

Perge quo cœpisti, egredere aliquando ex Urbe, patent portæ, nimium diu te Imperatorem Manliana castra desiderant : educ tecum etiam omnes tuos, purga Urbem, magno me metu liberabis ; dummodo inter me atque te Murus intersit : versari jam diutius non potes : non feram : non patiar : non sinam.

Que des Censeurs sévéres, épilogueurs éternels, qui dépités de n'avoir jamais rien fait de passable, ne peuvent rien trouver qui mérite leur suffrage, pèsent au poids de la raison la Citation que je viens de rapporter, & qu'ils la comparent avec ce que M. de *Crébillon* fait dire à *Ciceron*, nous verrons ensuite si leur réflexion est juste ou déraisonnable.

En effet, ne diroit-on pas que ce Consul n'a en vûe que l'absence de *Catilina* ? que continuellement allarmé de sa présence, il ne se croira en sûreté que quand il le verra hors la Ville ? Sortez, lui dit-il, *egredere*, *patent portæ*, les portes sont ouvertes : *magno me metu liberabis* : je ne suis pas tranquille quand je vous vois, nos humeurs, nos caractéres ne se conviennent point ; nous ne pouvons pas vivre ensemble : enfin *non feram* : je ne souffrirai pas que vous demeuriez ici, *non sinam* : je ne le permettrai point, *non patiar* : c'est inutile, vous partirez : *purga Urbem*, vous vuiderez la Ville : *non patiar*, je ne vous souffrirai point. Qui ne croiroit que c'est plutôt une querelle de ménage, qu'une conjuration qui doit décider de la perte ou du salut de Rome ?

Le caractére de *Catilina* m'a rappellé celui de Cromwel. Je ne doute point que l'Auteur n'ai modellé son Héros sur celui de *Lethi* ; je lui trouve par tout une parfaite ressemblance, au succès près. L'un étoit plus impétueux, & l'autre plus conséquent dans ses projets : Je vois dans Cromwel la même haine innée, pour ainsi dire, contre la Royauté, que j'admire dans *Catilina* contre le Consulat ; la même audace qui m'étonne dans *Catilina*, lorsqu'il entre dans le Sénat, & qu'il reproche aux Sénateurs leurs injustices, leur lâchetés, & leur mollesse ; me surprend dans Cromwel lorsqu'il remet au Parlement ses Lettres de Protectorat. Si le tems ou le lieu étoit assez éloigné, je ne trouverois point de sujet plus vaste & plus digne d'occuper une place sur la Scene Françoise que ce dernier. Tout y est grand, noble, hardi, entreprenant ; & tout y est conduit avec une prudence admirable. Cromwel est intéressant ; il n'est personne qui en lisant son Histoire, ne soit contraint de l'admirer, même en le détestant.

Si je vous donne une idée si superficielle de cette Piéce, vous ne devez point en être surpris ; que pouviez-vous attendre de moi, ne l'ayant enore vûe qu'une fois ? Je vous en promets une analise exacte, & une critique qui sera raisonnée, & qui n'aura d'autre principe que l'impartialité.

J'ai l'honneur d'être avec les sentimens les plus distingués,

MONSIEUR,

Votre très-humble &
très-obéissant Serviteur